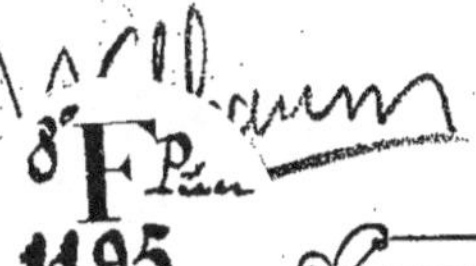

CHAMBRE DE COMMERCE DE REIMS

DES

PROJETS DE LOI

SUR LES ACCIDENTS

Dont les Ouvriers sont victimes

Séance du 7 Février 1886

REIMS

IMPRIMERIE ET LITHOGRAPHIE MATOT-BRAINE

(Henri MATOT, Fils et Successeur)

6, Rue du Cadran-Saint-Pierre, 6

1887

CHAMBRE DE COMMERCE DE REIMS

DES

PROJETS DE LOI

SUR LES ACCIDENTS

Dont les Ouvriers sont victimes

Séance du 7 Février 1886

REIMS

IMPRIMERIE ET LITHOGRAPHIE MATOT-BRAINE

(Henri MATOT, Fils et Successeur)

6, Rue du Cadran-Saint-Pierre, 6

1887

SÉANCE DU 7 FÉVRIER 1886

Présidence de M. A. WALBAUM, *Président*

Des Projets de Loi sur les Accidents dont les Ouvriers sont victimes

Lecture est donnée du rapport dressé par M. Aug. WALBAUM, Président, au nom de la Commission nommée pour l'examen de cette question.

Ce rapport est ainsi conçu :

« MESSIEURS,

» Vous avez renvoyé devant une Commission, l'examen des divers projets de loi qui ont été présentés à la Chambre des Députés sur les accidents survenus aux ouvriers dans les usines et chantiers.

» Cette Commission, après que chacun de ses membres a pris connaissance de ces divers projets de loi, s'est réunie en mon cabinet le vendredi 15 octobre, et je viens vous soumettre les observations qu'ils lui ont suggérées.

» Le premier projet de loi qui a paru sur cette matière, émane de M. F. Faure qui l'a présenté à la Chambre des Députés le 11 février 1882.

» M. Faure veut rendre tout chef d'entreprise responsable

de tout dommage causé soit par mort, soit par blessure d'ouvrier pendant le travail, il ne fait d'exception que pour les faits criminels ou délictueux dont l'auteur reste responsable.

» Il alloue en cas d'accident,

» Pour les hommes :

» 1° En cas de mort, une indemnité à la veuve de deux fois le salaire annuel avec un maximum de 2,500 francs, et à chaque enfant au-dessous de seize ans, 100 francs par an, ou 150 francs si les enfants sont orphelins.

» Si l'ouvrier est célibataire ou veuf sans enfants, une indemnité égale au salaire d'une année avec un maximum de 1,200 francs aux parents ascendants directs sexagénaires.

» 2° En cas d'incapacité complète de travail, à l'ouvrier, une pension annuelle du tiers du salaire avec un minimum de 370 francs et un maximum de 750 francs à sa femme et à chaque enfant au-dessous de seize ans, 100 francs par an.

» 3° En cas d'incapacité partielle de travail, une rente du dixième au quart du salaire annuel.

» 4° En cas d'incapacité temporaire, moitié du salaire journalier pendant six mois au plus.

» Pour les femmes :

» 1° En cas de mort, une rente de 100 francs à chaque enfant au-dessous de seize ans.

» Célibataire ou veuve sans enfants, une année de salaire aux ascendants directs sexagénaires avec un maximum de 750 francs.

» 2° En cas d'incapacité de travail autre que les soins du ménage, une rente du huitième au tiers du salaire annuel, avec un minimum de 200 francs et un maximum de 500 francs.

» 3° En cas d'incapacité temporaire, le salaire journalier pendant six mois au plus, au minimum 1 franc et au maximum 2 francs.

» Le patron serait tenu d'informer le juge de paix dans les vingt-quatre heures de l'accident survenu, sous peine d'amende de 16 à 100 francs.

» L'appréciation de ces divers cas serait soumise à un tribunal arbitral composé du Juge de paix, président, du Maire du domicile de l'ouvrier, de l'Inspecteur du travail des enfants, d'un patron et d'un ouvrier désignés par le Conseil des prud'hommes ou à défaut par le Conseil municipal.

» Il y aurait prescription des actions en responsabilité après un an.

» M. F. Faure propose en outre la création d'une caisse d'assurance contre les risques de la responsabilité en cas d'accidents qui se confondrait avec les caisses d'assurances établies par la loi du 11 juillet 1868.

» D'après ce projet d'assurance, les industries seraient classées en cinq catégories distinctes, suivant le degré de danger que présente chacune d'elles, et les établissements eux-mêmes en trois classes, suivant qu'ils seront plus ou moins bien aménagés, outillés et réglementés au point de vue de la sécurité et de la salubrité, les uns bénéficieraient d'une réduction de 25 %, sur le taux de la prime, les autres subiraient une majoration de 25 %, la prime étant calculée sur la somme des journées de travail de tous les ouvriers de l'établissement.

» Le second projet a été soumis le 26 novembre 1883, par M. Peulevey, à la Chambre des Députés. Il admet la responsabilité entière du patron en cas de faute lourde, mais en cas fortuit ou de faute légère, il la limite en la combinant avec les effets d'une caisse d'assurance à laquelle l'ouvrier pourra s'assurer moyennant une prime assez élevée de 10 francs par an.

» En cas d'incapacité absolue de travail, cette caisse servirait à l'ouvrier une pension viagère sur un capital de 6,400 francs, et moitié de cette pension en cas d'incapacité partielle. Dans ces deux cas, le patron paierait une indemnité de moitié en sus.

» En cas de mort, la veuve, ou à son défaut les parents ascendants directs sexagénaires, recevront une indemnité égale à deux annuités de la pension entière ; s'il y a des enfants au-dessous de seize ans, l'indemnité sera doublée ; le patron fournira une indemnité égale à la veuve, sans augmentation, qu'il y ait des enfants ou non.

» En cas d'incapacité temporaire, la caisse d'assurance fournira les secours nécessaires pendant deux mois et le patron en fournira moitié en sus ; s'il n'y a pas assurance, le patron fournira la totalité ; qu'il y ait ou qu'il n'y ait pas assurance, le patron devra toujours sa part d'indemnité comme si il y avait assurance ; en cas de faute lourde du patron, la caisse pourra exercer son recours contre lui, et s'il n'y a pas assurance, la victime exercera son droit contre le patron.

» Ce projet, on le voit, est assez compliqué et subordonné à une assurance faite par l'ouvrier.

» Un troisième projet de loi a été élaboré et adopté en première lecture par la Chambre des Députés dans sa séance du 23 octobre 1884, mais nous ne nous en occuperons pas puisqu'il est devenu caduque, faute d'une seconde délibération avant l'expiration des pouvoirs de la Chambre.

» Il a du reste été remplacé par un quatrième projet préparé par une Commission extra-parlementaire, présenté au Ministre le 27 février 1885, adopté par M. Rouvier, alors Ministre du commerce, et repris par M. Lockroy, le 2 février 1886.

» Ce projet, comme les précédents, établit la présomption de la responsabilité du patron, sauf par lui à faire la preuve du cas fortuit ou de force majeure ou d'imprudence de la victime.

» Les ouvriers devront être assurés par le patron contre les accidents résultant du risque professionnel et ne pourront être tenus au paiement de la prime au delà de la moitié au maximum.

» Cette assurance garantira à chaque ouvrier une indemnité au moins égale aux pensions et secours alloués par la caisse d'assurance établie par la loi du 11 juillet 1868, lorsque la prime est de 8 francs, c'est-à-dire une rente annuelle équivalente au capital de 640 fois la prime de 8 francs, c'est-à-dire à 5,120 francs. Elle pourra être contractée soit à la caisse d'assurance, soit à des compagnies présentant des conditions de garantie à déterminer.

» A défaut d'assurance, le patron sera passible d'une amende de 50 à 500 francs et devra, en outre, payer à l'ouvrier l'indemnité ci-dessus indiquée.

» L'ouvrier pourra toujours intenter une action en responsabilité contre le patron ; mais, dans ce cas, les indemnités dues en raison du risque professionnel ne cumuleraient pas avec l'indemnité qui pourrait lui être accordée.

» Enfin, un cinquième et dernier projet a été présenté au Sénat, le 26 janvier 1886, par M. le Sénateur Blavier.

» Ce projet, dans son article 1er, ne parle que des ateliers ou chantiers à moteurs mécaniques et oublie qu'il y a d'autres chantiers, notamment ceux du bâtiment qui doivent être compris dans la loi sur les accidents.

» Le juge de paix devra être informé par le patron dans les vingt-quatre heures de l'accident survenu et procéder à une enquête, assisté soit de l'ingénieur des mines, soit de l'inspecteur du travail des enfants, soit de l'architecte départemental.

» Cet expert unique devra décider si l'accident doit être imputé à un cas fortuit, à une faute légère ou à une faute lourde, soit de l'employeur, soit de l'ouvrier.

» Si l'expert déclare qu'il y a faute de l'employeur ou de ses agents et s'il y a assurance, sa responsabilité sera limitée aux effets de l'assurance.

» Toutefois, s'il y a faute lourde de sa part, il sera poursuivi devant le Tribunal correctionnel et en cas de condamnation, sa responsabilité civile sera augmentée de 50 %.

» S'il y a faute légère, il sera alloué :

» En cas de mort, une pension annuelle à la veuve, égale au tiers du salaire annuel; s'il y a des enfants légitimes, cette pension sera de moitié du salaire, tant qu'il y en aura au-dessous de seize ans; si l'ouvrier était veuf, chaque enfant au-dessous de seize ans recevra une part proportionnelle du tiers du salaire et s'il était veuf sans enfants, il sera alloué une indemnité égale à une année de salaire aux parents ascendants directs survivants, quel qu'en soit le nombre. En cas d'incapacité complète de travail, il sera alloué à l'ouvrier une pension égale à la moitié de son salaire.

» En cas d'incapacité partielle, une pension égale au tiers de son salaire et, en cas d'incapacité temporaire, égale à la moitié jusqu'à ce qu'il puisse reprendre son travail.

» Nous rappelons que, s'il y a condamnation correctionnelle pour faute lourde de l'employeur ou de ses agents, toutes ces indemnités et pensions seraient augmentées de 50 %. A la suite et comme complément de son projet, M. Blavier propose la création d'une caisse des accidents du travail, sous la garantie de l'Etat, à laquelle pourraient s'assurer les employeurs et les ouvriers, chacun de leur côté.

» L'assurance de l'ouvrier consisterait en une somme de 5 francs payée annuellement, celle du patron serait égale à une journée de salaire de tous les ouvriers et employés; comme dans le projet de M. Faure, cette prime serait augmentée ou diminuée de 25 °/₀ suivant le plus ou moins bon aménagement de l'établissement au point de vue de la sécurité et de la salubrité.

» En cas d'assurance par le patron, les secours alloués par la caisse seraient :

» En cas de mort, une pension de 300 francs à la veuve, de 100 francs à chaque enfant au-dessous de seize ans ou de 150 francs si l'ouvrier était veuf.

» En cas d'incapacité complète de travail, une pension de 500 francs à la victime, de 100 francs à sa femme et de 50 francs à chaque enfant au-dessous de seize ans.

» Ces secours seraient augmentés de 50 °/₀ si l'ouvrier était assuré de son côté; par contre, s'il y avait faute lourde de la part de l'ouvrier, il perdrait tous ses droits à l'assurance.

» Il est à remarquer que dans bien des cas l'indemnité allouée par la caisse d'assurance serait inférieure à celle allouée en cas de non assurance; ainsi, s'il y a assurance, la veuve de l'ouvrier décédé ne toucherait que 300 francs de pension de la caisse, tandis que, lorsqu'il n'y aurait pas assurance, si son mari gagnait 5 francs par jour, soit 1,500 francs par an, elle aurait droit à une prime de 500 francs; en cas d'incapacité complète de travail, l'ouvrier recevra de la Caisse d'assurance une pension de 500 francs seulement, tandis que le patron non assuré devra une pension de 750 francs. S'il y avait un ou deux enfants, l'écart serait encore plus grand.

» Nous ne parlerons que pour mémoire d'un projet de M. Nadaud, député, qui, en deux articles, établit la responsabilité absolue des patrons, et d'un autre de M. Henry Maret, également député, relatif à la constitution d'un jury spécial pour les accidents.

» Tous ces projets, que nous venons d'analyser, sont plus ou moins clairs et tendent à rendre le patron responsable ou au moins d'établir la présomption de sa responsabilité de tout accident qui serait arrivé chez lui, alors qu'il est certain que la plupart de ces accidents ont pour cause l'imprudence et souvent la désobéissance de l'ouvrier.

» Il a paru à votre Commission qu'il n'y avait pas lieu, en cette matière pas plus que dans toute autre, de sortir du droit commun, aussi vous propose-t-elle de vous rallier, sauf quelques observations de détail, à l'avis exprimé par la Chambre de Commerce de Saint-Quentin et aux conclusions qu'elle a adoptées à la suite du rapport qui lui a été fait par son honorable Président.

» Comme la Chambre de Commerce de Saint-Quentin, nous admettons la distinction de trois catégories d'accidents :

    I. — Accidents dûs à la faute de l'ouvrier seul.
    II. — Accidents dûs à la faute du patron.
    III. — Accidents dépendant de ce qu'on appelle le risque professionnel.

» Dans le premier cas, l'ouvrier est seul responsable ; dans le second, c'est le patron seul, et dans le troisième, le patron et l'ouvrier doivent partager la responsabilité.

» Tout accident, dit le rapport de la Chambre de Commerce de Saint-Quentin, devra *a priori* rentrer dans la troisième catégorie, celle du risque professionnel ; pour le faire rentrer dans les deux premières, il faudra en faire la preuve : l'ouvrier devra démontrer que le patron seul est responsable, et le patron devra établir la preuve que la faute retombe sur l'ouvrier seul. Cette règle, du reste, ne s'appliquerait qu'aux cas douteux, car dans bien des cas, la faute apparaît évidente par la nature même de l'accident.

» Votre Commission est absolument de cet avis et nous ne pouvons mieux faire que de vous donner lecture de ce rapport dont nous ne pourrions que reproduire le sens, en vous signalant les modifications que nous vous proposons.

Tout d'abord, dit le Rapporteur de Saint-Quentin, il nous paraît indispensable que la loi fixe en principe le montant de l'indemnité pécuniaire dans chaque cas d'accident. L'arbitraire qui existe actuellement amène des anomalies tellement étranges que l'existence d'un tableau, réglant la somme à recevoir dans chaque cas, sera certainement très favorablement accueillie par les ouvriers ; les patrons, de leur côté, ne peuvent qu'éprouver la même satisfaction ; tous deux ont intérêt à échapper à l'arbitraire du juge dans tous les cas d'accident et à voir fixer des chiffres précis comme dans la loi suisse.

Comment peut s'établir ce tarif ?

Il nous semble, et c'est l'avis de beaucoup de personnes que nous avons consultées, que, pour fixer équitablement le montant de l'indemnité, la loi ne peut tenir compte que du *salaire* de l'ouvrier au moment de l'accident, sans avoir à examiner s'il est ou non père de famille ou soutien de famille.

En effet, dans tous les cas, il ne rapportait chez lui que le *même salaire*.

C'est ce salaire qui, en cas d'accident, vient à manquer, c'est donc la privation momentanée ou pour toujours, partielle ou totale de ce salaire qu'il convient de prendre pour point de départ sans aucune considération accessoire, autrement on entre dans le sentiment et non dans la justice. Suivant d'autres opinions, il y aurait lieu de tenir compte du nombre d'enfants de la victime : mais nous entrerions immédiatement dans un inextricable dédale au point de vue des primes d'assurances et de la réglementation sans que l'on atteigne, en fait, à notre avis une plus juste répartition. Peut-être n'arriverait-on qu'à faire éliminer des usines les ouvriers chargés de famille.

Nous avons à examiner quatre cas que nous classons suivant l'ordre de gravité qu'ils présentent d'après nous, ou plutôt suivant l'ordre ascendant du dommage qu'ils causent à l'ouvrier.

Nous mettons donc en première ligne le cas le moins grave :

1° Incapacité temporaire de travail.
2° Incapacité partielle de travail pendant le reste de l'existence.
3° Mort.
4° Incapacité de travail pendant le reste de l'existence.

Si nous plaçons ce cas en dernier, comme le plus grave, c'est que, aussi terrible que soit la mort, du moins en privant la famille du salaire que rapportait le défunt, elle n'a pas encore cette circonstance aggravante qui fait qu'un ouvrier, incapable de travailler pour le restant de ses jours, non seulement disparaît en totalité, comme s'il était mort, en ce qui concerne son salaire, mais doit être nourri pendant sa triste existence, par ceux qu'il nourrissait auparavant.

C'est donc là, pour nous, la situation la plus horrible qui puisse être faite au travailleur et par conséquent celle qui doit recevoir la compensation la plus large.

» Arrivant à la fixation des indemnités dues en cas d'accidents, le rapport que nous venons de citer propose d'allouer :

I. — En cas d'incapacité temporaire, une indemnité à la victime égale à la moitié de son salaire en la limitant au minimum à 0 fr. 50 cent. et au maximum à 3 francs par jour.

II. — En cas d'incapacité partielle et constante de travail, une indemnité variant entre le quart et la moitié de l'indemnité allouée en cas d'incapacité totale et définitive de travail.

Nous vous proposons d'ajouter ici que cette indemnité devra être égale à celle allouée au cas d'incapacité temporaire jusqu'à ce que l'ouvrier ait été remis en état de reprendre un travail quelconque.

III. — En cas de mort, à la famille du décédé, une rente égale au tiers de son salaire quotidien pendant le nombre d'années probable que la victime aurait pu atteindre d'après les tables de Deparcieux ou autres analogues.

Nous vous proposons de faire suivre les mots : à la famille du décédé, des suivants : « composée du conjoint survivant et de ses enfants, ou à défaut, des parents ascendants à sa charge ».

IV. — En cas d'incapacité totale et définitive de travail, une pension à la victime égale à la moitié de son salaire jusqu'à son décès, avec un minimum de 1 franc.

» Vous remarquerez du reste, Messieurs, que ces indemnités sont à peu près les mêmes que celles proposées par les projets Faure et Blavier, seulement il ne nous paraît pas juste de tenir compte du plus ou moins grand nombre d'enfants, l'indemnité étant toujours calculée en rapport avec le salaire que l'ouvrier rapportait à la famille quelque nombreuse qu'elle soit et quel que soit l'âge de la victime ainsi que cela résulterait de l'application que veulent faire d'autres projets de la loi du 11 juillet 1868, puisque c'est le salaire de la victime au moment de l'accident qui sert de base à la fixation de l'indemnité.

» Nous préférons aussi de beaucoup le mode d'indemnité par une pension annuelle à une somme relativement importante une fois versée, comme le propose M. Faure, en cas de mort et qui pourrait être trop vite dissipée.

» Toutes ces indemnités seraient dues en totalité par le patron s'il était reconnu entièrement responsable de l'accident qui a causé un dommage à l'ouvrier, et par moitié seulement si l'accident rentrait dans la catégorie du risque professionnel.

» Les indemnités dues en cas d'accidents ainsi réglées, est-il nécessaire de créer une juridiction spéciale, ou de confier l'appréciation de ces différents cas au Conseil des prud'hommes ?

» Nous ne le pensons pas et nous sommes encore entièrement d'accord sur ce point avec le rapport de la Chambre de commerce de Saint-Quentin, dont nous vous reproduisons les observations à ce sujet, en ajoutant qu'il y aurait lieu, selon nous, de fixer la prescription pour les demandes en responsabilité à six mois après le dépôt de l'enquête.

TRIBUNAL COMPÉTENT

Il est de toute évidence que la juridiction doit être : rapide, sans frais et doit donner aux parties toutes les garanties possibles d'équité, et de savoir spécial. Créer une juridiction nouvelle nous paraît difficile et absolument inutile.

Quelques personnes avaient pensé confier ces affaires aux Conseils de prud'hommes : peut-être aurait-on des débats trop passionnés. Il nous paraît préférable à tous égards de s'adresser aux tribunaux de première instance, en accordant à l'ouvrier le bénéfice de l'assistance judiciaire, ou mieux encore en faisant juger les tribunaux sommairement, avec suppression de l'intermédiaire des avoués et des avocats.

Voyons alors quelle pourrait être la marche de l'affaire devant le tribunal :

Dès qu'un accident survient dans une usine, le patron devra, sous peine de responsabilité, en informer dans les vingt-quatre heures, le président du tribunal.

Ce dernier convoquera immédiatement un conseil d'enquête. Ce conseil serait composé de quatre membres et un président.

Le président serait l'Inspecteur du travail dans les manufactures ; les membres seraient deux patrons et deux ouvriers désignés tous les ans par le tribunal, sur une liste de présentation dressée par la Chambre de commerce. Suivant l'importance manufacturière de la contrée, on pourrait désigner un plus ou moins grand nombre de suppléants. Dans les régions où il y a des associations pour prévenir les accidents, l'ingénieur de l'association serait membre adjoint à titre consultatif. Cette commission ferait un rapport qui serait adressé au président du tribunal ; de plus, on entendrait, comme témoins, les personnes qui seraient citées par les deux parties ou à la diligence du tribunal.

Le tribunal jugerait tout de suite, sans appel, pour les sommes inférieures à 5,000 francs de capital ou somme équivalente de rente, étant entendu que ce chiffre se comprend au total, qu'il y ait un ou plusieurs accidents. Si, par exemple, il y avait six accidents donnant lieu à des indemnités inférieures à 1,000 francs chacune, mais dépassant 5,000 francs ensemble, il y aurait possibilité d'appel. L'appel aurait lieu devant les Cours d'appel, et l'assistance judiciaire serait accordée à l'ouvrier si c'est le patron qui interjette appel. Il faudrait également simplifier la procédure d'appel pour les accidents, de manière à avoir dans tous les cas une solution prompte avec des frais aussi réduits que possible.

Nous avons parlé plus haut et incidemment des associations pour prévenir les accidents.

Il serait de toute justice qu'il y ait présomption en faveur des patrons membres de ces sociétés et justifiant par les rapports de visites annuelles qu'ils obéissent aux injonctions de l'association.

De l'Assurance

» Il nous reste à nous occuper de la question des assurances.

» Ici nous différons d'avis avec la Chambre de Commerce de Saint-Quentin, en ce sens que nous pensons que l'assurance doit être obligatoire.

» Du moment qu'une loi fixe les indemnités qui peuvent être dues à l'ouvrier victime d'un accident dont il n'est pas responsable, il faut qu'elle en assure l'exécution. Or, comme il s'agit de pensions à servir annuellement, il ne faut pas que ces pensions soient exposées à être supprimées par suite de cas de force majeure.

» Tel petit industriel qui, tant qu'il travaillera, sera en mesure de servir la ou les pensions dues par lui, pourrait, si son industrie cesse ou périclite, ne plus pouvoir y satisfaire; de grands industriels même ne pourraient-ils pas éprouver des revers de fortune qui pourraient les mettre dans l'impossibilité de servir des pensions pouvant atteindre un chiffre important?

» Il nous paraît donc nécessaire, dans l'intérêt de la sécurité de l'ouvrier, de rendre l'assurance obligatoire tout au moins pour le chef d'usine ou de chantier. Elle pourrait être contractée soit avec l'Etat, soit avec des Compagnies présentant des conditions de garantie à déterminer.

» Il y aurait en outre cet avantage que si tous les industriels ou chefs de chantiers étaient obligés d'assurer leurs ouvriers contre les chances d'accidents, les Compagnies qui font aujourd'hui ces assurances à raison de 25 centimes par 100 francs de salaire, pourraient le faire à meilleur marché et qu'il en résulterait que la charge serait moins lourde pour chacun.

» Le chef d'industrie qui assurerait ses ouvriers à une Compagnie libre, serait tenu d'en justifier par la production de sa police.

» Les industries pourraient être classées par catégories de risques comme elles le sont pour l'incendie et comme le propose le projet Faure, mais le salaire de l'ouvrier serait toujours la base de la prime.

» Indépendamment de l'assurance contractée par le patron, l'ouvrier pourrait, de son côté, s'assurer contre les chances d'accidents dont il serait reconnu responsable soit en totalité, soit en partie. Cette assurance toutefois ne serait pas obligatoire.

» Nous vous proposons donc de vous joindre à la Chambre de Commerce de Saint-Quentin et à son exemple, d'émettre le vœu suivant :

Que la loi sur les accidents dont les ouvriers sont victimes dans l'exercice de leur travail établisse trois catégories d'accidents :

1° Ceux dûs à la faute du patron et dont il est seul responsable ;
2° Ceux dûs à la faute de l'ouvrier et dont celui-ci est responsable ;
3° Ceux dûs à toute autre cause qu'à la faute du patron et de l'ouvrier, et dont la responsabilité serait partagée entre le patron et l'ouvrier ;

Que la preuve, le cas échéant, se fasse d'après les règles du droit commun ;

Que la loi détermine en outre les différentes classes suivantes d'incapacités de travail :

Suspension temporaire,
Incapacité relative et permanente,
Mort,
Incapacité absolue et permanente.

Qu'elle fixe les indemnités pécuniaires afférentes à chaque nature d'accident comme il est expliqué plus haut ;

Que la juridiction soit une juridiction existante rendue simple et sans frais, et qu'une enquête soit obligatoirement requise dans les vingt-quatre heures, lorsque l'incapacité de travail doit durer plus d'un mois ;

Que la prescription en matière d'accident soit fixée à six mois ;

Que l'assurance soit obligatoire pour le patron et facilitée à l'ouvrier.

La Chambre,

Après discussion, adopte les motifs et les conclusions du rapport qui précède et le transforme en délibération.

En conséquence, expédition en sera adressée à M. le Ministre du Commerce et de l'Industrie, ainsi qu'à M. le Ministre de la Justice.

Reims. — Imprimerie MATOT-BRAINE, 6, rue du Cadran-Saint-Pierre
(Henri MATOT, Fils et Successeur)